AF338040

# RÉFLEXIONS

## POLITIQUES ET INTÉRESSANTES

*Sur la loi proposée au Conseil des cinq-cents, concernant les obligations entre citoyens, et le remboursement des créances sur les particuliers;*

Servant de Réponse aux écrits publiés en faveur de cette loi.

———

## A PARIS,

Chez GUEFFIER jeune, imprimeur-libraire, rue Gît-le-Cœur, N°. 16.

# RÉFLEXIONS

## POLITIQUES ET INTÉRESSANTES

*Sur la Loi proposée au Conseil des cinq-cents, concernant les obligations entre citoyens, et le remboursement des créances sur les particuliers;*

Servant de Réponse aux écrits publiés en faveur de cette loi.

———————

LA COMMISSION des finances a, le 13 vendémiaire dernier, fait proposer au Conseil des cinq-cents, par l'organe du citoyen CRASSOUS, l'un de ses membres, une loi pour autoriser le remboursement de toutes les créances et obligations contractées entre les citoyens, avec des réductions graduées par un tableau d'appréciation du papier-monnoie, qui enchérit sur les échelles de proportion des loix décrétées les 15 germinal et 30 messidor de l'an 4, pour le préjudice que les créanciers trouveroient dans cette opération, si elle avoit lieu.

Depuis la proposition de ce projet, il en a paru deux autres, l'un sous le titre de Réflexions sur les transactions entre parti-

A 2

culiers, et l'autre sous celui d'opinion de
LUDOT, sur le mode du remboursement des
obligations.

Les auteurs de ces deux derniers projets
combattent fortement le plan du premier,
et font voir qu'il est impraticable ; mais
tous les trois se réunissent pour soutenir
deux points capitaux et funestes à la société;
lesquels sont, d'une part, la dérogation aux
obligations, traités et conventions volontaires
et licites, passés entre les citoyens; et de
l'autre, la réduction des créances stipulées
entr'eux librement, sans contrainte, à leur
satisfaction réciproque et sans réclamation
de leur part ; deux dispositions subversives
de l'ordre social, et de tout ce qu'il y a de
plus sacré dans la législation ancienne et
moderne.

Les motifs des Réflexions, et de l'opinion
du citoyen LUDOT, sur lesquels nous re-
viendrons dans un moment, étant, à peu de
choses près, les mêmes que ceux de la motion
du citoyen CRASSOUS, en réfutant celle-ci,
nous ferons tomber les autres.

Nous n'avons reconnu dans la motion, ou
proposition de loi du citoyen CRASSOUS,
qu'une vérité sans nuage, qui est que le

plus sûr moyen de faire renaître la confiance, de ranimer le crédit public, d'alimenter le commerce , ( il pouvoit ajouter de rendre le numéraire plus commun ) est de faire cesser la suspension des remboursemens, décrétée par la loi du 29 messidor dernier.

Le surplus ne présente que des systêmes de finance, exposés ingénieusement , mais dont, avec un peu d'attention , on reconnoît bientôt le peu de solidité , les inconvéniens et le danger qu'il y auroit à les adopter.

L'auteur, après avoir proposé de faire cesser la suspension des remboursemens, dit qu'il faut déterminer la valeur des stipulations ou conventions faites et à faire , qu'il faut n'attribuer à la monnoie représentative de l'état, d'autre valeur que celle qui est accordée *par l'opinion*, et laisser toutes les obligations se régler sur le taux que *cette opinion* a fixé, ou qu'elle pourra fixer ; que cette valeur d'*opinion*, prise pour règle et pour mesure de tous les engagemens , peut seule *rétablir l'équilibre entre les recettes et les dépenses*, soit de la nation, soit des citoyens. Pour y parvenir, il desire que le conseil établisse en principe , que toutes les transactions à venir doivent reposer sur des valeurs fixes et représentées dans l'exécution, ou par elles-mêmes, ou par une quantité relative *à des valeurs mobiles ou des signes variables*, suivant la valeur que leur donnera *l'opinion* au jour du paiement ; que, quant aux transactions passées, lorsque l'on considère que les débiteurs qui n'ont pas profité de la dépréciation du papier-monnoie, pour se libérer, sont, presque tous, ou des citoyens malaisés, pour qui aucune chance heureuse ne s'est présentée, ou des hommes probes et délicats qui n'ont pas su se permettre des remboursemens presqu'illusoires ; on ne peut méconnoître que leur sort mérite une attention particulière : on doit tenir, selon lui, pour principe, que toutes les obligations stipulées en numéraire, denrées ou valeurs métalliques, conserveront la totalité de la valeur stipulée ; et néanmoins, attendu que la prétendue rareté de l'argent, qu'il convient se reproduire de jour en jour d'une manière prodigieuse, et la disproportion dans laquelle il se trouve avec les immeubles, comparativement à l'époque des obligations contractées antérieurement à la création et à la dépréciation du papier-monnoie, mettent le législateur dans la nécessité de venir au secours du débiteur, lorsque le terme du paiement est arrivé, et que le créancier veut exiger son remboursement ; que, d'un autre côté, la faveur étant due au débiteur dans l'arbitraire, on doit décréter que le créancier ne pourra exiger que la moitié de sa créance, si elle est constituée avant le premier juillet 1791 ; que le débiteur pourra se libérer de la totalité, en en payant la moitié, à moins que le créancier ne consente de lui accorder un délai de six années après la paix générale, pour lui rembourser tout ce qu'il lui doit.

Quant aux obligations postérieures au 1er. juillet 1791, il avoue que celui qui a prêté des assignats, n'a pas entendu les échanger contre la seule valeur métallique qu'ils représentoient ce jour à la bourse de Paris ; qu'autrement il eût fait l'échange sur-le-champ, et ne se seroit pas exposé aux risques d'un prêt à long terme ; que dans ce cas, ainsi que dans celui ou le débiteur qui a emprunté des assignats, en a fait des emplois utiles pour lui, il est juste que le papier-monnoie qu'il a reçu, soit évalué sur le taux des diverses valeurs qu'il s'est procurées avec ce papier.

Il part de toutes ces assertions erronées, pour fixer, année par année, jusqu'à l'an 4 inclusivement, toutes les pertes et les diminutions que les créanciers doivent éprouver sur leurs créances, et dont il donne le tableau.

L'auteur des Réflexions et le citoyen Lopez dans son opinion, en font de même, chacun à sa manière ; ils adoptent l'un et l'autre, au moins tacitement, le système du citoyen Crassous, sur la fixation de la valeur de la monnoie de l'état, par l'opinion ; mais le premier propose de décréter que les obligations consenties en papier-monnoie, soient réduites et réglées en valeurs métalliques, à raison de la valeur de ce papier, à la date de ces obligations, et à raison de l'équité, et des circonstances inhérentes à l'essence de ces mêmes obligations qu'il a laissées à la prudence des juges et des experts devant lesquels les parties seront renvoyées ; expédient qui dégénéreroit en un arbitrage forcé, que le législateur a prohibé, et qui donneroit naissance à autant de procès qu'il y auroit d'obligations à liquider : or, les loix étant faites pour les prévenir, ce projet est inadmissible.

( 9 )

Celui du citoyen LUDOT ne peut avoir
plus de succès : après une critique très-ju-
dicieuse des deux premiers projets, il estime
que les remboursemens à faire aux créanciers , doivent être réduits sur des bases
diversement graduées, qu'il est impossible
de les fixer sans se livrer à l'arbitraire , ou
sans blesser les intérêts des créanciers ; et
d'après cela , il donne son plan de réduction
de leurs créances, qui surpasse toutes les
échelles de proportion et tarifs des précédens ,
pour le tort à faire aux créanciers.

Telle est l'analyse des loix proposées ,
avec leurs motifs, pour faire cesser la suspension des remboursemens : on ne croit pas
qu'il en ait jamais été imaginé de plus injustes et de plus contraires aux principes
d'un gouvernement sage et bien administré :
c'est ce qui nous reste à démontrer.

D'abord, en considérant du coté de la
politique , les objets soumis à la décision du
Conseil, est-il de la prudence des législateurs,
et peuvent-ils prendre sur eux de n'attribuer
à la monnoie qui a cours dans l'état , d'autre
valeur que celle de l'opinion sujette à toutes
les variations du caprice des hommes, de
laisser toutes les obligations des citoyens, se

A 5

régler sur le taux fixé ou à établir par cette opinion, de donner cette opinion pour règle de tous leurs engagemens, et en faire reposer l'exécution sur des valeurs mobiles et des signes variables ?

Avec des loix de cette espèce, il n'y auroit aucune stabilité dans les traités et les conventions des citoyens et dans leur exécution, ni par conséquent dans le paiement des créances qui y auroient été contractées : de-là quel bouleversement dans la société, et dans son administration ! Quelle est la nation qui voudroit désormais négocier ou faire des affaires avec les Français, si leurs paiemens dépendoient de la versatilité de leur monnoie ou de sa valeur ? Le commerce de la France, qui est déjà sur son déclin, finiroit bientôt par une destruction totale.

Sur l'article du projet de loi tendant à autoriser le débiteur d'une créance causée en numéraire avant le 1er. juillet 1791, de s'en libérer, en en payant moitié, à moins que le créancier ne lui accorde, pour en payer la totalité, six ans après la paix, le Conseil ayant décrété que ces sortes de créances seroient remboursées en totalité, en argent ou valeur métallique, nous nous bornons à ce décret pour toute réponse à cette partie de la motion.

3°. Si, comme l'auteur en convient, celui qui a prêté des assignats depuis le 1$^{er}$. juillet 1791, n'a pas entendu les échanger contre la seule valeur métallique qu'ils representoient à la bourse de Paris, et, si celui qui a emprunté des assignats, en a fait des emplois profitables pour lui, pourquoi veut-on que, dans ces deux cas, les prêteurs n'ayent que la faculté d'apprécier les valeurs que leur débiteur s'est procurées avec ce papier? D'ailleurs, qui les assureroit de ces valeurs, qu'ils ignorent pour la plupart? Peuvent-ils compter sur la sincérité de leur débiteur dans la déclaration qu'il en feroit?

Il nous parle d'un équilibre à rétablir entre les créanciers et leurs débiteurs; mais cet équilibre, entendu comme il doit l'être, n'a jamais été détruit : il a été invariablement fixé par les actes passés entr'eux volontairement, librement et de bonne foi, qui renferment leurs conventions; il ne peut pas y en avoir d'autre : le rétablissement de cet équilibre est donc un être purement imaginaire, et ne mérite pas qu'on s'y arrête.

A 6

Il en est de même de la faveur due au débiteur dans l'arbitraire où il juge à propos de le placer ; elle n'a lieu, suivant les principes de droit et d'administration générale, que dans les choses qui présentent du doute, de l'obscurité, et qui sont contestées ; mais, lorsqu'une créance est fondée sur un titre clair et authentique, que le débiteur ne peut méconnoître, et qui ne sauroit faire la matière d'un problême ni d'une difficulté, tout arbitraire disparoît : le débiteur ne peut exciper de la faveur qui lui est due, quand cet arbitraire existe, pour demander, ou prétendre que l'on déroge à ses engagemens.

La rareté prétendue de l'argent, et sa disproportion actuelle avec les immeubles que l'on a beaucoup fait valoir dans les projets de loix proposés, ne sont qu'une allégation qui n'est rien moins que fondée. L'argent est si peu rare, que le Corps législatif exige et perçoit en numéraire une grande partie des contributions publiques, le papier timbré, le prix des patentes, les droits d'enregistrement et autres ; ce qu'il ne feroit pas, si l'argent étoit véritablement rare.

Le citoyen CRASSOUS convient lui-même

que, depuis quelque tems, le numéraire se reproduit d'une manière prodigieuse : dès-là sa reproduction fera bientôt cesser sa disproportion avec le prix des immeubles.

Mais pourquoi, l'argent n'est-il pas plus commun? C'est parce que les débiteurs autorisés par la loi du 29 messidor, à différer le paiement de ce qu'ils doivent à leurs créanciers, ne se sont point empressés de se procurer du numéraire pour les satisfaire, et ont appliqué à d'autres usages celui qu'ils ont retiré de leurs revenus ou de la vente de leurs denrées et marchandises, ou ils l'ont gardé pardevers eux, en attendant la décision du Corps législatif sur le paiement de leurs créances : voilà la vraie cause pour laquelle le numéraire n'a point circulé dans le public avec l'abondance qu'il devoit y produire; mais que le Corps législatif prononce et force par une loi précise les débiteurs à payer leurs créanciers, comme ils y sont obligés, en numéraire ou en mandats au cours, on verra le numéraire sortir des bourses où il est retenu, et devenir aussi commun qu'il l'a été autrefois.

Que, parmi les citoyens, il s'en trouve quelques-uns qui n'ayent pas profité de la

( 14 )

dépréciation du papier-monnoie pour se libérer, parce qu'ils sont malaisés, et qu'ils
n'ont eu aucune chance heureuse; ou que
d'autres, par délicatesse, ne se soient point
permis de remboursemens, est-ce une raison
pour troubler tout l'état, pour ruiner des
créanciers de bonne foi, par la perte d'une
grande partie de leurs créances, et pour
enrichir leurs débiteurs de leurs dépouilles,
que les trois quarts d'entr'eux n'ont pas même
demandées ?

C'est cependant cette dernière considéra-
tion qui paroît animer le zèle de la Commission des finances, dans la motion dont nous
venons de combattre les motifs.

Qui croiroit que l'on puisse proposer au
Conseil, de sacrifier à un petit nombre d'in-
dividus qui ne se plaignent point de leurs
chances dans la révolution, des milliers de
créanciers malheureux, qui n'ont trouvé de
salut dans l'infortune qu'ils y ont éprouvée,
qu'en replaçant à de médiocres intérêts, les
sommes qu'ils ont été obligés de recevoir
en remboursement de celles qui leur étoient
dues, et qui, le plus souvent, faisoient toute
la ressource de leur existence ? Comment
s'est-on flatté que le Conseil s'oublieroit au

point de violer par une si étrange résolution, les loix de l'état les plus expresses, sur la matière des engagemens des citoyens?

Comme on a affecté jusqu'à présent de les écarter de cette discussion où elles sont du plus grand poids, osons en rappeller ici quelques-unes que nous avons conservées dans la révolution, et vengeons-les de l'indifférence et de l'espèce de mépris que les auteurs des projets semblent leur avoir voués, en ne les consultant point, et en ne s'attachant qu'à des raisons de justice et d'humanité, que nous croyons être très-déplacées et mal entendues.

Dans tous les tems, chez toutes les nations policées, et particulièrement en France, on a toujours respecté, maintenu les obligations et les engagemens volontaires, contractés entre les citoyens, lorsqu'ils ne renfermoient rien de contraire aux loix et aux bonnes mœurs; leurs conventions entrent dans l'ordre universel de la société, et font une partie essentielle du droit civil et national des Français. Aussi leur exécution regardée comme sacrée parmi nous jusqu'ici, a-t-elle été perpétuellement ordonnée; sur-tout quand il n'y avoit point de réclamations de la part des parties intéressées : s'il y en avoit qui fussent fondées sur le dol , la fraude, la violence, et la lésion, provenant du fait de l'adversaire , avec des preuves suffisantes , alors le réclamant avoit la faculté de se pourvoir dans les tribunaux de justice pour y faire statuer.

Nous ajoutons que les conventions des parties reçoivent leur perfection par les consentemens qu'elles y donnent dans les contrats qui les renferment ; que , de ce moment, la chose vendue ou prêtée par ces actes, est aux risques de l'acheteur ou de l'emprunteur; et que , si elle vient à périr , en tout ou en partie, sans qu'il y ait faute du vendeur ou du prêteur , la perte doit tomber sur l'acheteur ou le débiteur , suivant l'axiôme de droit imprescriptible, *resperit domino*.

Enfin , un des premiers devoirs des législateurs , est de protéger les traités , les conventions et les engagemens des particuliers soumis à leur autorité, et de les mettre à couvert de toute atteinte : à plus forte raison doivent - ils s'interdire d'y en porter eux-mêmes.

La conséquence de ces loix est què l'exécution entière et sans réserve des conventions licites passées entre les particuliers, et l'obligation de la part du maître de la chose, de supporter la perte qu'elle éprouve, quand il en est saisi, sont deux points constans du droit français, qu'il n'est jamais permis d'enfreindre, sous quel prétexte que ce puisse être.

Néanmoins, par les nouvelles loix que l'on propose, on n'a pas d'autre objet que de détruire. par le fait, les engagemens les plus réguliers et les plus solemnels, contractés entre les créanciers et les débiteurs, et de faire supporter aux créanciers des pertes qui sont à la charge des débiteurs.

Jamais il n'y eut moins de raison pour solliciter de pareilles loix, ni plus de motifs pour en faire rejetter les propositions.

Car, lorsque le débiteur a emprunté en assignats les sommes dont il avoit besoin, il a eu en vue, ou de se libérer d'une ancienne créance qui le gênoit, avec des deniers ou des effets qu'il trouvoit à un intérêt médiocre, et inférieur à celui qu'il payoit; ou d'acquérir un bien quelconque, précieux pour lui, qui lui est resté, ou qu'il a revendu avec bénéfice; ou enfin de profiter d'une occasion d'achat, de denrées ou de marchandises, qui lui étoit avantageuse; en un mot, il n'est point de débiteur qui n'ait profité, ou entendu profiter sur les assignats lorsqu'il les a empruntés; aucun d'eux n'en a emprunté au pair pour ses seuls besoins; et si, par impossible, il s'en trouvoit qu'il l'eut fait, il auroit une action certaine pour se faire restituer contre un semblable traité.

Or, dans tous les autres cas ci-dessus, est-il juste que le débiteur puisse se prévaloir d'une loi, d'une échelle de proportion, d'un tarif, ou d'autres inventions systématiques, pour rembourser son créancier avec des sommes modiques et bien inférieures à celles qu'il a reçues, si l'on veut, en assignats, mais qui avoient, au tems du prêt, cours de monnoie, et se donnoient en paiement des achats, en solde des marchés et des traités qui se faisoient dans le commerce et dans la société? Il le doit d'autant moins que communément, lors des prêts, et dans les années qui ont précédé le discrédit des assignats, il s'est fait une échelle de proportion entre les créanciers et les débiteurs, en stipulant un intérêt à deux, trois et quatre pour cent qui est au-dessous de l'intérêt ordinaire de cinq pour cent, et de celui du commerce qui est de six pour cent, et souvent au-dessus: d'autres ont constitué pour leurs assignats, des rentes viagères à cinq ou six pour cent seulement ; d'autres enfin n'ont porté dans leurs contrats ou obligations, que la moitié des capitaux qu'ils ont fournis, parce que leurs débiteurs l'ont ainsi exigé, pour en alléger les remboursemens ; ensorte que si les réductions proposées étoient admises, ces créanciers ne retireroient pas trois pour cent de leurs véritables capitaux. Que l'on juge par là de l'équité de ces réductions ?

Pour faire sortir encore davantage l'injustice des nouvelles loix proposées, citons ici trois exemples sur cent mille, de l'abus que des débiteurs ont déjà fait de la loi du 15 germinal, et de l'échelle proportionnelle qu'elle contient, et que d'autres feroient encore des nouvelles, si elles étoient adoptées.

Premier exemple Une veuve chargée d'enfans, a pour toute fortune 36000 liv. que son mari lui a laissées à son décès arrivé il y a quinze ans ; elle les avoit placées à constitution, en bon numéraire, sur une personne solvable qui les lui a remboursées en assignats en 1792.

Peu de tems après, son notaire lui a replacé sa somme sur un autre particulier qui la lui a remboursée aussi en assignats au bout de l'année, c'est-à-dire en 1793.

Enfin , après bien des démarches , nous avons trouvé nous-mêmes au milieu de l'année 1794 , une personne à qui elle a prêté sa sa somme de 36000 liv. remboursable en dix années avec les intérêts à quatre pour cent seulement : au moyen de cette somme, l'emprunteur s'est rendu adjudicataire d'un très-joli domaine proche Paris , estimé plus de 50,000 liv. et qui lui produit un revenu bien supérieur à l'intérêt auquel il s'est obligé envers la veuve.

Eh bien si la loi nouvelle est décrétée avec les réductions proposées, le débiteur pourra avec 6 ou 7000 liv. se libérer des 36000 liv. qu'il a reçues de cette veuve, et il n'en conservera pas moins la possession de l'immeuble qu'il a acquis avec la somme qu'elle lui a prêtée.

Second exemple. Un particulier de notre connoissance vendit au mois de mai 1792 , d'anciennes rentes qu'il avoit sur l'état , moyennant 60,000 liv. qu'il prêta sur-le-champ à un commerçant de cette capitale , lequel les empruntoit pour ses fils qui sont des maîtres de forges en province , et qui depuis ce temps-là ont fait, par la vente de leurs fers, une fortune immense dont ils ont déjà réalisé une partie en terres considérables :

ce n'est point exagérer de dire qu'avec ces 60,000 liv. ils ont gagné plus d'un million; cependant ils out déjà voulu les lui rembourser en mandats, valeur nominale, d'après l'échelle de proportion de la loi du 15 germinal; et s'ils ne l'ont pas fait, c'est à cause du rapport des articles II et III de cette loi; mais si la nouvelle est adoptée, ils ne manqueront pas d'effectuer ce remboursement, et de faire perdre au prêteur de la somme, plus de dix mille livres, malgré le bénéfice d'un million qu'ils ont fait avec cette somme.

Troisième exemple. Un autre particulier, bien connu à Paris, devoit depuis dix-huit ans, un principal de 40,000 liv. dont il payoit les intérêts à cinq pour cent; cette constitution étoit faite par un contrat en bonne forme, emportant hypothèque sur tous ses biens, présens et à venir.

En 1793, il trouve à emprunter sur son simple billet sous seing-privé, cette somme de 40,000 liv. qui venoit d'être remboursée en assignats au prêteur, lequel s'est contenté à son égard d'un intérêt à trois pour cent: avec cette somme, il a remboursé à son premier créancier les 40,000 liv. qu'il lui devoit; et comme, par son emprunt, il a dégagé ses biens de l'hypothèque dont ils étoient grévés, il a vendu très-chèrement un des domaines qu'il possédoit en Normandie, dont le prix lui a servi à liquider ses autres dettes; mais, insensible à tous ces avantages, il a annoncé à son créancier qu'il n'attendoit que le décret de la loi projettée, pour le rembourser avec la moitié moins que ce qu'il a reçu.

On ne nous objectera pas que, dans ces trois exemples, les prêteurs ont profité sur les assignats, par eux remis à leurs débiteurs, puisqu'ils provenoient des remboursemens à eux faits, de principaux qu'ils avoient originairement fournis en numéraire, qui étoit la seule monnoie du tems.

Nous pourrions encore grossir la liste de ces exemples, par d'autres prêts de diverses espèces, également légitimes et de bonne-foi, et dont les prêteurs sont menacés de remboursemens aux trois quarts de perte, de la part de leurs débiteurs, qui auront à-la-fois les profits qu'ils ont faits avec les sommes à eux prêtées; et la réduction de la nouvelle loi sollicitée; mais nous les supprimons ici, pour ne pas fatiguer nos lecteurs, persuadés que ceux ci-dessus rapportés, suffiront pour les convaincre de l'injustice criante des réductions que cette loi prononceroit.

Cependant nous observerons encore que la

Commission des finances veut aussi, contre toute raison, étendre ses réductions sur les lettres de change, billets à ordre, ou au porteur, et autres effets de commerce. Tout le monde sait que ces effets ont deux causes; les uns sont faits par les marchands pour s'acquitter, à des époques ordinairement assez éloignées et commodes pour eux, du prix des marchandises qui leur ont été vendues, et sur lesquelles ils ont fait des gains énormes depuis quelques années; les autres ont été mis par des négocians dans la circulation, afin d'obtenir les fonds dont ils avoient besoin pour des spéculations lucratives dont ils ont profité. Or, dans l'un et l'autre cas, doit-on accorder aux débiteurs de ces effets, outre les bénéfices qu'ils ont nécessairement retirés, des réductions sur les sommes qui y sont portées? Peuvent-elles se concilier avec la justice et l'honnêteté? Et si, contre toute apparence, elles étoient décrétées, les porteurs de ces effets qui sont peut-être précédés de dix endosseurs, auront un recours certain contr'eux, pour s'en faire restituer le montant. De-là quel circuit de semblables actions entre les endosseurs? et quelle involution de procédures et de contestations dans tout le commerce de l'état? On ne peut y penser sans en être effrayé.

Oh, mais, disent les panégyristes de l'arbitraire, les débiteurs depuis leurs emprunts sont devenus mal-aisés ; ils auront beaucoup de difficulté à satisfaire à leurs engagemens, s'ils n'en sont pas dispensés pour la majeure partie par des réductions des sommes à eux prêtées, et cette difficulté augmentera par la disproportion du prix des immeubles avec le numéraire qu'ils seront obligés de donner à leurs créanciers ; l'humanité demande que les législateurs viennent à leurs secours.

Cette objection n'est ni sincère, ni même exacte sur les faits. 1°. Le défaut d'aisance des débiteurs leur est commun avec les créanciers eux-mêmes, c'est le malheur du tems, et la notoriété publique prouve assez que ce malheur pèse beaucoup plus sur les créanciers et les rentiers qui ne reçoivent rien, que sur les débiteurs qui jouissent, souvent sous leurs yeux, des domaines et autres objets par eux acquis avec les deniers ou effets qu'ils leur ont prêtés. 2°. Ces mêmes biens produisant des revenus aux débiteurs, leur donnent des ressources pour remplir leurs engagemens, soit par leurs propres facultés, soit par des emprunts avec délégations sur leurs revenus, soit par les autres voies usitées en pareils cas. 3°. La disproportion de la valeur des immeubles avec le numéraire, est un évènement passager qui cessera, lorsque, comme nous l'avons dit, les débiteurs par leurs paiemens à leurs créanciers, auront fait rentrer le numéraire dans la circulation.

4°. Enfin, il seroit révoltant de faire dépendre le sort du créancier, de la volonté, du caprice, et souvent de la mauvaise foi de son débiteur; ce seroit renverser les premières loix de la société, en détruire les liens et l'ébranler jusques dans ses fondemens. Nous ne craignons donc point que le Conseil destiné, établi pour la protéger, se laisse toucher au nom de l'humanité mal-à-propos invoquée et par les clameurs et les insinuations de tout genre que l'on ne cesse d'employer pour surprendre sa religion en faveur des débiteurs, dont les partisans exagèrent beaucoup l'infortune.

Mais, après tout, qu'ont donc fait les malheureux créanciers pour les traiter aussi inhumainement qu'on le demande? Si leurs créances sont formées d'assignats, c'est vouloir les punir du crime de la nation, ou de la convention qui la représentoit, puisqu'elle avoit établi cette monnoie en France, et en avoit ordonné l'usage exclusif qui n'a cessé que par la loi du 30 thermidor dernier.

D'où vient cet acharnement contre les créanciers, ou cette préférence de faveur et de protection accordée à leurs débiteurs, par la Commission des finances? Enfin, qui sont, d'après la motion du citoyen Crassous, ceux pour lesquels elle sollicite des réductions si injustes et si impolitiques? Ce sont, dit-il, des gens mal-aisés qui n'ont point profité de la dépréciation du papier-monnoie, qui n'ont pas eu de chance heureuse, ou d'autres assez délicats pour ne s'être pas permis des remboursemens.

Si on ne trouvoit pas ces motifs écrits dans la motion, on ne pourroit pas s'imaginer que la Commission ait pu les donner comme sé- rieux et comme capables d'opérer des réduc- tions en faveur de cette classe d'hommes, contre tous les créanciers en général, envers lesquels très-peu d'entr'eux sont obligés.

Comme ces motifs ne sont ni naturels ni plausibles, beaucoup d'observateurs ont in- féré de la motion même du citoyen Crassous, que la Commission des finances ne sollicitoit la nouvelle loi de réduction des créances sur particuliers, que comme un degré pour par- venir à la réduction des créances sur l'état ; mais nous ne le pensons point, parce que si l'intention de la Commission est de réduire les

créances sur l'état, ce qui n'est pas à présumer, elle n'a pas besoin de commencer par
réduire les créances sur les particuliers qui
n'ont rien de commun avec celles de l'état.

Depuis deux siècles que l'on s'occupe de
finances en France, il s'est fait, à plusieurs
reprises, des liquidations des dettes de l'état,
et des réductions des rentes qu'il avoit consti-
tuées; mais jamais on n'a touché aux créances
des particuliers entr'eux; et, ce qui est bien
digne de remarque, dans toutes les réductions des rentes de l'état, on n'en a point mo-
déré les capitaux; ensorte qu'il y a eu des époques où les propriétaires de ces rentes ont été
remboursés de la totalité de leurs principaux.
C'est ce qui est arrivé, il y a environ trente
ans, sous le ministère du citoyen Laverdy,
alors contrôleur-général des finances.

En 1720, lors de la chûte des billets de banque qui avoient été créés, à l'instar des
assignats, il fut établi un *visa*, pour en
constater la quantité et le montant qui se
trouva être de deux milliards, six cent quatre-
vingt-seize millions, quatre cent mille livres;
ainsi que les autres objets formant la masse des
dettes de l'état; il fut fait une réduction de
ces dettes, et une conversion des billets de
banque en rentes, dont le taux fut propor-

tionné aux forces du gouvernement ; mais, dans ces opérations difficiles, exécutées par les plus grands financiers qu'il y eut en ce tems, les créances des particuliers formées avec les billets de banque ont été respectées, et sont demeurées intactes. On observa à la lettre, les principes du droit de la nation, et la règle *resperit domino*, on maintint tous les contrats, toutes les obligations passées entre les citoyens, soit en billets de banque, soit autrement : aucun des débiteurs ne se plaignit ; tous, ou presque tous, ont depuis ce tems payé les intérêts sans murmurer, et remboursé les principaux.

Il y eut alors, rareté d'argent peut-être plus grande que celle d'aujourd'hui, à cause des loix coercitives qui obligeoient ceux qui en avoient, à le porter au trésor appellé royal, et disproportion du numéraire avec le prix des immeubles ; mais le législateur, en bon politique, sut concilier ou faire plier les difficultés du moment, et conserver aux loix leur empire. Les choses reprirent leur niveau et leur équilibre dans la société comme dans l'état. Pourquoi ne feroit-on pas de même dans l'occurence présente qui a une analogie si frappante avec celle de 1720 ? Y a-t-il de meilleures leçons que celle de l'expérience ?

Enfin toutes les annales de l'histoire n'of-
frent point d'exemple qu'une puissance, un
souverain ait sans causes légitimes, ou pour
des causes purement arbitraires, réduit des
créances sur des particuliers contractées volontairement, librement entr'eux avec la monnoie courante de l'état, tandis que tout fait
présumer que les débiteurs de ces créances
ont appliqué à leur profit les sommes pour
lesquelles ils les ont contractées.

Il y a donc lieu d'espérer que le Conseil,
par sa résolution, n'aura aucun égard à la
motion qui lui a été faite, le 13 vendémiaire
dernier, au nom de la Commission des finances, ni aux autres projets qui lui ont été
proposés sur le réglement des transactions
entre particuliers, et qu'il consacrera de
nouveau les principes du droit de la nation,
sur les propriétés et sur l'exécution des conventions faites entre les citoyens.

La nation demande en ce moment, et le
Corps législatif ne peut trop se hâter d'accorder à ses besoins multipliés par la réten-
tion des rentes dues à la plus grande partie
de ses membres, une loi, qui, enlevant la
suspension des remboursemens, décrétée par
la loi du 29 messidor, rende aux créanciers
le droit naturel qu'ils ont de forcer leurs

débiteurs, à leur payer ce qu'ils doivent, pour pouvoir vivre et subsister; mais pour l'exercer, ce droit, il faut que cette loi ne porte, ni réduction, ni échelle de proportion, ni tarif, ni dérogation aux conventions des parties entr'elles.

Parmi ces débiteurs, ( et c'est une distinction qui n'a point encore été faite ), il en est qui auront assez de droiture, pour ne point s'élever contre leurs engagemens, pour en reconnoître la légitimité, et en consentir l'exécution; il en est d'autres qui pourront former des réclamations bien ou mal fondées, soit contre leurs créances en elles-mêmes, soit contre la briéveté des délais de leurs remboursemens.

Le Conseil n'a d'autre parti à prendre dans sa résolution, à l'égard des premiers, que de passer tout simplement à l'ordre du jour; et à l'égard des seconds, de les renvoyer devant les juges ordinaires, pour faire statuer sur leurs réclamations, et obtenir, s'il y a lieu, des prolongations de délais qui seront compatibles avec la raison et l'équité.

Mais il se convaincra par-là, combien il seroit dangereux et souverainement injuste, de prendre une résolution indéfinie, qui, sans entendre les parties, et sur des considérations évidemment fautives , frappât de réduction toutes les espèces de créances avouées ou contestées, en général contractées de bonne foi , et pour des spéculations avantageuses aux débiteurs.

L'expérience ne nous a que trop appris que dans les tems immoraux où nous vivons , l'homme le plus probe ne tient point contre une loi publique qui le décharge de partie d'une créance qu'il sait en conscience devoir en totalité : le législateur ne doit donc point l'exposer à se parjurer ainsi , ni le créancier , à perdre une dette légitime, dont il auroit été remboursé en entier sans cette loi.

Dans cette position, il est de la sagesse du Conseil, de repousser tous les systèmes et toutes les mesures arbitraires qui lui seront présentées ; même avec les couleurs du bien public ou de raison d'état, soit sous la dénomination d'échelle proportionnelle, soit sous d'autres titres aussi peu mérités , tendant à détruire en tout ou en partie, les obligations, transactions et autres conventions passées entre les citoyens. Il doit au contraire déployer toute son autorité, pour en maintenir l'exécution pleine et entière, et pour donner à la nouvelle loi qu'il rendra, un effet rétroactif qui répare les torts faits par celle du 15 germinal, aux créanciers légitimes, et pour mettre fin aux contestations que les abus de cette loi leur ont occasionnés, par des offres de remboursemens illusoires.

Par ces loix, il fera cesser l'esclavage inconnu jusqu'à nos jours, où le créancier se trouve depuis le 15 germinal an 4, vis-à-vis son débiteur, soit comme forcé de recevoir de lui, la loi pour les remboursemens faits en papiers de nulle valeur, soit en n'osant pas le poursuivre, pour être payé des sommes qui lui sont dues le plus légitimement, dans la crainte de recevoir pour paiement des papiers également nuls ou illusoires.

Que l'on juge par cette esquisse, de l'horreur de la situation des créanciers qui n'ont que des rentes pour toute fortune? C'est cependant le sort des deux tiers des habitans de Paris, qui, par la suspension du paiement de ces rentes, sont réduits à la plus affreuse indigence : il ne leur resteroit plus que le désespoir, si cette dernière ressource leur étoit enlevée ou retranchée par la loi que l'on sollicite.

www.ingramcontent.com/pod-product-compliance
Lightning Source LLC
Chambersburg PA
CBHW061714060726
47597CB00006B/2375